JN418179

문학과지성 시인선 93

아니리

김광규 시집

문학과지성사

문학과지성사에서 펴낸 김광규의 시집

우리를 적시는 마지막 꿈(1979, 개정판 1994)
아니다 그렇지 않다(1983)
크낙산의 마음(1986)
좀팽이처럼(1988)
물길(1994)
가진 것 하나도 없지만(1998)
누군가를 위하여(2001, 시선집)
처음 만나던 때(2003)
시간의 부드러운 손(2007)
하루 또 하루(2011)

문학과지성 시인선 93

아니리

초판 1쇄 발행 1990년 11월 20일
초판 5쇄 발행 1999년 7월 5일
재판 1쇄 발행 2015년 3월 30일

지 은 이 김광규
펴 낸 이 주일우
펴 낸 곳 ㈜문학과지성사

등록번호 제1993-000098호
주　　소 121-894 서울 마포구 잔다리로7길 18(서교동 377-20)
전　　화 02)338-7224
팩　　스 02)323-4180(편집) 02)338-7221(영업)
전자우편 moonji@moonji.com
홈페이지 www.moonji.com

© 김광규, 2015. Printed in Seoul, Korea

ISBN 978-89-320-2730-2

이 책의 판권은 지은이와 ㈜문학과지성사에 있습니다.
양측의 서면 동의 없는 무단 전재 및 복제를 금합니다.

이 도서의 국립중앙도서관 출판예정도서목록(CIP)은 서지정보유통지원시스템 홈페이지(http://seoji.nl.go.kr)와 국가자료공동목록시스템(http://www.nl.go.kr/kolisnet)에서 이용하실 수 있습니다. (CIP제어번호: CIP2015009266)

문학과지성 시인선 93

아니리

김광규

2015

시인의 말

1988년 가을 이후에 발표한 작품 64편을 모아
다섯번째 시집을 낸다.

멋진 노래가 되기에 너무 모자라
'아니리'라는 이름을 빌려왔다.

절창을 가객에게 맡기는 것도 누군가 해야 할 일이다.

1990년 가을
김광규

아니리

차례

III. 느티나무 지붕

IV. 오솔길

V. 진양조

VI. 한 사람 또는 몇 사람이

I. 어떤 개인 날

봄놀이

아스팔트 길에서 골목길로
다람쥐처럼 쪼르르
달려 들어간다
전봇대 옆길에서 한길로
고양이 새끼들처럼 후다닥
뛰어 나온다
조그만 자전거를 한 대씩 타고
자동차들 사이로 쏙쏙
누비고 다니며
아슬아슬하게 숨바꼭질 벌인다
마을버스를 급정거시키고
두부 장수 오토바이와 하마터면
정면충돌을 할 뻔한다
발갛게 얼굴이 상기된 꼬마들
온갖 걱정 아랑곳없이
어른들의 노곤한 발걸음 사이로
바람처럼 빠져나가는 개구쟁이들
그들은 한곳에 머물지 않는다

뒤돌아보며 앞을 내다보며
두리번거리지 않는다
조심스럽게 살아갈 필요도 없이 그들은
온몸으로 놀고 있는 봄이다

여름 엽서

월악산 등반을 떠난 사내들과
조령 삼관문을 넘어간 여자들
모두 아직 돌아오지 않았네
새소리 벌레 소리 한데 어울려
짙푸른 숲냄새 뿜어대는 오후
노인들은 나무 그늘에서 바둑을 두고
아이들은 풀밭에서 메뚜기를 쫓아다니네
신문도 보지 않고
뉴스도 들을 수 없는 곳
전화도 없는 외딴 마을에 파묻혀
귀찮은 일들 깡그리 잊어버리고
목신(牧神)처럼 보낸 3박 4일을
행여 탓하지 말게
부러워할 것도 없네
투항하는 빨치산 몰골이 되어
곧 서울로 돌아갈 터이니

못 자국

노마 엄마는 화가 나서 야단이었다.

집 앞에 세워둔 새 자동차 옆구리를 누군가 못으로 긁어놓았기 때문이다.

그러나 아이들은 아랑곳없이 고무줄 넘고 숨바꼭질하면서 즐거워했다. 누가 그랬는지 알 수 없었다.

길다란 못 자국 한 줄기 그어진 다음 아이들은 새 차를 본 척도 하지 않았다. 다른 흠집도 생겨나지 않았다.

이리하여 노마 엄마는 마음 놓고 골목길에 자동차를 세워둘 수 있게 되었다.

그녀의 운전 솜씨가 나날이 늘어간 것은 말할 나위도 없다.

연통 속에서

바닷가 나무 없는 벌판에
직각으로 꺾어진 시멘트 건물
겨우내 비워둔 방
석유난로 연통 속에서
새끼 참새 우짖는 소리
짚가리도 처마도 없고
아무 데도 깃들 곳 없어
바람 막힌 연통 속에
보금자리를 틀었다
음산한 서북향 연구실에서
난롯불도 못 피우고
주머니에 손을 찌른 채
창가를 서성거린다
연통 속에서 함석을 긁는
새발짝 소리 안쓰러워

두부 아저씨

머리맡에 전화기 정물로 놓여 있다
가게마다 모두 개잠이 들었고
목욕탕 손님들 비켜가는 하수구에서
허연 김 무럭무럭 솟아오른다
비어 있는 골목길로 소도구처럼
탈탈거리는 오토바이 한 대
새벽 배달을 다니느라고 아직도
헤드라이트를 켠 채로 바쁜
콩나물 장수 두부 아저씨
비록 단역처럼 초라해 보이지만
세 식구를 먹여 살리는
단칸 셋방의 주인
그를 중심으로 하나의 세상이 돌아가고
동래 온천장 아침 길목에서
주연은 바로 이 사람이다

최 씨의 근황 1

두꺼운 눈썹 아래
쏘아보는 갈색 눈
인중이 뚜렷하여
수염만 기르면 영락없이
사자를 닮은 얼굴
통장 노릇 그만두고 요즘은
삼거리 전봇대에 기대어 서서
잡역부를 감독하는 최성팔 씨
고물상과 연탄장수 모두 집어치우고
집 없는 불우 이웃들
선수금 받아
지하 1층 지상 3층 빌라를 한 채 짓고
전셋돈 이자로 돈놀이하며 여생을
편히 살아보려는 최성팔 씨
선거 때마다 투표소에 나와
참관인 노릇하는
저 사람이 전생에는 사자였을까

광화문 앞에서

광화문 앞에서
교통신호에 막혀
잠깐 차를 세우면
경복궁 박물관 석조 건물과
정부종합청사 빌딩 사이로
지그시 내려다보는 인왕산
미끄럼바위 훤칠한 얼굴과
오천 년을 주저앉은 우람한 몸매
아직도 옛날을 그리워하는
골짜기마다 아카시아 꽃냄새와
뻐꾸기 소리 겹치고
냉수욕하던 약수터까지 단숨에 올라가
오랫동안 멈추었던 산의 숨결
귓가를 스치기도 전에
어느새 뒤차가 빵빵거린다
사직로로 좌회전하면
큰 산 가로막고 좁은 길로
줄지어 달려가면서 명멸하는
무수한 빨간색 후미등

최 씨의 근황 2

최성팔 씨가 또 집을 짓는 모양이다.

좁은 골목길을 아슬아슬하게 가득 메우면서 커다란 덤프트럭이 뻔질나게 흙더미를 실어 나르고, 쾅쾅 쇠기둥 박히는 소리 온 동네를 울리고, 레미콘이 줄지어 지나가고, 못 보던 일꾼들이 사투리로 떠들어대고, 기사식당 뚱보 아저씨가 때만 되면 자전거에 밥 함지박을 두 개씩 싣고 간다.

이 소란스럽고 먼지 나는 나날이 두석 달 지나가면, 요즘 유행하는 대로 스페인식 기와지붕에 스틸 난간을 돌린 지하 1층 지상 3층의 빨간 벽돌집이 한 채 설 것이다.

이렇게 다세대 주택이 한 채 생겨나면, 새 주민들이 전세로 들어오거나 분양을 받아 입주하고, 출퇴근 시간에는 버스 타기가 더욱 붐벼지고, 가뜩이나 좁은 골목길에 무단 주차가 더 많아져서 먼저 살던 오너드라이버와 새로 이사 온 봉고차 운전수 사이에

주차장 때문에 싸움이 벌어지기도 한다.

그래도 이 좁은 땅덩어리에서 열두 가구가 몸 담을 거처가 마련된 것은 얼마나 바람직한 일인가.

러키부동산 중개인의 말대로 요즘은 파업과 농성을 일삼는 공장 노동자보다 집을 지어서 팔아먹는 집 장수가 훨씬 생산적인 것 같다.

그렇다고 물론 최성팔 씨 만세를 부를 수는 없지만.

아니리 5

사진은 찍을 때뿐
그러나 지난날의 기억이 없다면
보이지 않는 앞날들
살아가기 힘들 것이다
남서쪽으로 북동쪽으로
아침저녁 오고 가는 똑같은 길
견딜 수 없을 것이다
안양천 따라 뻗어나간 왕복 2차선
쾌적하게 달려가는 구간은 곧
기억에서 사라진다
경운기가 가끔 앞을 막는 시골길
꼬불꼬불 이어가는 포근한 기억들도
산업도로와 마주치는 삼거리에서
뚝 끊어져버린다
한가로웠던 옛날 생각나지 않는다
사진 한 장 없어도
가장 오래 남는 것은
교통순경과 싸우던 기억뿐

어떤 개인 날

구름 한 점 없이 맑게 개인 날이다.

여치가 울기 시작했다. 더위를 더해주는 매미나 쓰르라미 소리와 달리, 한여름 여치의 첫울음 소리는 청아하기 이를 데 없다. 어떤 현악기가 이 시원하고도 달콤한 소리를 흉내 낼 수 있을 것인가.

뇌졸중으로 하반신 마비가 된 아버지의 병간호가 결코 쉬운 일은 아니다. 특히 여름에는 오래 누워 있기가 더웁기 때문에, 쉴 새 없이 상반신을 일으켰다가 다시 뉘어달라고 하신다.

간병하기에 허리가 아파 이러다가는 지레 죽겠다고 짜증을 부리던 어머니는 또 무당 집을 찾아가셨다.

북아프리카 트리폴리에서 대한항공의 TC-10 여객기가 착륙 사고를 일으켜 70여 명의 승객이 목숨을 잃었고, 울릉도에서는 관광 헬리콥터가 추락하여 십여 명이 죽었다.

바캉스 인파 가운데서 일어난 수많은 교통사고나

익사 사고는 뉴스거리도 되지 못했다.

농활 지원을 거부한 대학교에서는 일부 과격한 학생들이 교실의 책상과 걸상을 운동장으로 끌어내다가 불태우고, 총장실의 집기를 때려 부순 다음, 이사장 사택을 점거하고, 철야 농성에 들어갔다.

전대협 대표로 평양에 가서 세상을 놀라게 한 여대생이 판문점을 통과하여 귀환할 예정이란다.

역사상 처음으로 야당이 여당보다 많은 의석을 차지하여, 이제 세상이 바뀌어지리라고 기대했었다. 그런데 내일 제1야당 총재가 당국에 의하여 구인된다니, 별로 달라진 것이 없다. 여당이 새로운 정책을 펴나가리라고는 믿지 않았지만, 도대체 선거가 끝난 뒤 1년이 넘도록 그 강력한 야당들은 무엇을 했는지 알 수가 없다.

아버지 문병을 왔던 형은 화장실 문턱 아래다 부

적을 붙여놓고 갔다.

삼 형제 이름으로 등기된 선산을 아버지도 돌아가시기 전에 분할 매각하려는 동생이 두번째 내용증명을 우송해왔다.

파업 노동자들과 함께 명동성당에서 1주일 동안 농성을 계속해온 조카 녀석은 임금 투쟁을 끝내고 귀가하는 길에 경찰에 잡혀 끌려갔단다.

전라도와 경상도 쪽에서는 물난리가 크게 난 모양이다. 논밭은 물론 마을까지 몽땅 물에 잠기고 둥둥 떠내려가던 사람들이 군용 헬리콥터의 힘을 빌려 겨우 목숨을 건지는 장면이 TV에 보도되었다. 물이 불보다 훨씬 무섭다는 사실을 우리는 흔히 잊고 산다.

낡은 집이나 아파트를 단시간에 부수어 치우는 새로운 직종이 건축 분야에서 각광을 받기 시작했다는 소식도 있었다.

태풍 덕택에 무더위가 잠깐 식어서 다행이다.

II. 짬뽕이나 짜장면

그 집 앞

이어폰 귀에 꽂고
워키토키 한 손에 들고
방독면 옆에 차고
비가 오나 눈이 오나
2년 반 동안
그 집 앞에 서 있었다
옛날에는 사성장군이 살았고
한때는 국가의 재산이었던
견고한 로마네스크 양옥집
지금은 비어 있는 커다란
그 집을 지키면서
2년 반 동안
눈이 오나 비가 오나
사복으로 골목길 입구에 서서
국토방위의 임무를
다했다

아니리 1

기억하는가
거짓된 잎사귀들 몽땅 떨어뜨리고
넋으로 서서 버티던
갈잎나무들
눈 녹는 날이면
우리 앞에서 천천히 옷을 벗던
남녘 들판
꽝꽝 얼어서 때때로
시체까지 보여주던 임진강

겨우내 지켜온 그 정직한 시간
흔적도 없이 사라지고
이제 모두들 감추려고 한다
덮어버리려고 한다
아련하게 풍겨오는 봄풀 냄새
연록색으로 불어오는 들바람
속삭이는 강물 소리

나른하게 흘려서 우리는 또
속을 것인가
해마다 오는 봄을 맞을 것인가
미덥지 않은 계절들 어서 바뀌고
고고한 겨울이 다시 오기만
기다리면서

아니리 3

낯익은 이웃 소리 없이 사라지고
젊은 친구들 걸핏하면 닭장차에 실려가고
읽을 만한 책들 느닷없이 압수당하고
끔찍한 소문만 나돌던 시절에도
사복 입은 군인과 경찰이 삼엄하게 지키는
성채 같은 저택에 살면서
거대한 부동산을 매입하고
보석이나 준마를 사들이기 위하여
세계를 쏘다니는 사람들이 있었다
아예 미국이나 독일에 주저앉아 살면서
때로는 고국을 걱정하기도 하고
더러는 책임 없이 욕만 하는 사람도 있었다
그러나 이 땅에서 하루하루 살기에 쫓겨
그 흔한 제주도 여행 한 번 못 가고
세금이나 꼬박꼬박 기일 지켜 내면서
귀한 자식들 군대에 보내놓고도
그저 잡혀가지만 않으면
고맙게 여기는 사람도 많았다

온갖 헛된 희망보다
오히려 참된 절망 때문에
밤새 잠 못 이루다가
새벽에 일어나 혼자서
어둠을 본 사람도 있었다
오랜 밤이 차곡차곡 쌓여 더욱
어둠에 익숙해지는 대신
희미하게 터오는 먼동을
처음으로 느낀 사람도 있었다.

아니리 9

집을 샀다가 팔고
땅을 샀다가 팔고
주식을 샀다가 팔고
은행 돈 빌려 사채놀이하고
그렇게만 해도
많은 돈 벌고
큰 부자가 될 터인데
왜 골치 아프게
군수품 공장을 경영하고
부실한 학교 재단을 인수하고
종합병원을 세우고
방송국과 신문사를 사들이려는가
왜 스스로
국회의원까지 되어
명패를 집어던지고
고위 관리가 되어
몸소 곤욕을 치르는가
아는 사람은 많아도

말하는 사람은 별로 없다
하기야 온혈 동물은 모를 것이다
머리와 꼬리를 마주 대고
왜
뱀이 또아리를 트는지

짬뽕이나 짜장면

중국집 식탁 한 귀퉁이에서
8백 원짜리 짬뽕으로
점심을 한 끼 때운다
애꿎은 식초만 단무지에 듬뿍 치고
양파를 춘장에 찍어 먹으려니
오늘따라 한낮인데도 TV에
낯익은 얼굴들 보인다
해삼 전복 갈매기살에
피망 죽순 송이버섯 곁들인
전가복(全家福)을 시켜놓고 점심 때에도
배갈을 마시면서 호탕하게
웃던 사람들
오늘은 청문회 증인으로 나와
심문하는 국회의원들보다
더욱 당당하구나
저들 가운데 누군가 사라져버리고
새 얼굴이 나타나 그 자리를 채우고
그 얼굴이 다시 낯익어져도 나는

변함없이 이곳에 죽수그리고 앉아
값싼 짜장면으로
점심을 때우면서
쿵후 비디오를 힐끔힐끔 쳐다보거나
간장 묻은 신문지 쪽을 들여다보겠지

유대류(有袋類)

캥거루도 주머니에
새끼만 넣어서 기른다
열아홉 개의 주머니를 모조리 채우고도
만족할 줄 모르는 사람이여
돈으로 얻을 수 없는 것
힘으로 모두 망쳐버리고
나라도 집도 주머니도 모두 잃어버리고
마침내 몸뚱이 하나 담을 곳 없어
뒷다리로 뛰어 달아나는
동물이여

그들의 승리

그들은 원래 소수파였다.

그러나 결코 가만히 있지 않았다.

언제나 몰려다니며 잘못을 캐내고 밤낮으로 토론하여 유리한 구실을 찾아냈다. 자기들은 항상 정당하고 남들은 항상 부당했다.

그들은 끊임없이 주장하고 요구하고 도전했다.

무엇이든지 물어뜯고 흔들어대고 떠벌렸다. 누구든지 한번 그들에게 잡히면 달아나려고 해도 놓아주지 않았다.

힘이 모자라도 절대로 물러서지 않았다. 욕설을 퍼부으며 덤벼들어 할퀴고 딴죽을 걸거나 뒤에서 돌팔매질을 했다.

한마디로 그들은 상종할 수 없는 무리였다.

모두들 그들을 피했다.

다수파조차도 그들과 대결하려 들지 않았다. 그들과 싸우느니 차라리 이쪽에서 미리 두 손을 드는 것이 낫다고 생각했다. 하지만 그들은 항복도 받아들이지 않았다.

그리하여 모두 스스로 목숨을 끊었고, 세상에는 결국 그들만 남게 되었다.

지명수배자

처음에는 친구의 단란한 가정에 불청객이 되어 숨어 살았다.

먹고 자는 것은 편안했지만, 마음이 불안했다.

특히 초저녁 개 짖는 소리가 그를 겁나게 했고, 한밤중 소쩍새 우는 소리가 가족을 그립게 했다.

차라리 밖으로 나가 대로를 활보하는 것이 마음 편했다.

거리의 수많은 낯선 행인들이 본의 아니게 그를 숨겨주었고, 건널목 교통 신호등이 달려오는 순찰차를 막아주었으며, 다방이나 식당의 창가에 앉으면 수족관의 열대어나 입간판의 그림자가 그를 가려주었기 때문이다.

가장 안전하게 그를 지켜준 것은 남대문 시장에서 구입한 방독면과 등산용 스틱이었다.

일단 방독면을 착용하고 달려가면 아무도 그를 붙잡지 못했고, 지하도 입구에서 스틱을 겨드랑이에

끼고 대학생의 가방을 뒤지면 누구도 그에게 신분증을 보자고 하지 않았다.

때로는 지명수배자 전단이 나붙은 게시판 앞에 서서, 거기 붙어 있는 자기 얼굴을 들여다보기도 했다.

아무도 자신을 거들떠보지 않는 데 화가 났다. 도대체 치안 당국은 무엇을 하는 것인가. 성의를 다해 수배자를 잡든가, 아니면 아예 풀어주든가 할 일이지. 그는 사인펜으로 자기 사진에 ×표를 그렸다.

결국 공공 게시물 훼손 죄로 붙잡힘으로써, 그는 마침내 지명수배를 벗어나게 되었다.

가장 긴 이야기

그들은 사라졌다
아마 죽었을 것이다
스스로 목숨을 끊었을 리는 없고
대검으로 등을 찔렸거나
기관총에 맞아 쓰러졌을 것이다
그들을 죽인 자는 누구인가
교활한 학살자는 아무런 증거도 남기지 않았고
죽은 사람들은 말이 없다
하지만 피를 뿜으며 쓰러지는 순간 그들은
저마다 외마디 소리를 부르짖거나
고통의 외침을 허공에 남겼다
바로 이 한마디 외치는 소리가 지금까지 남아
앞으로도 영원히 살아남아
학살자를 쫓아다니고
그의 혀와 발을 옭아매고
그의 얼굴을 찾아낸다
물론 자기는 아니라고 말한다
죽인 적이 없다고 그는 주장한다

그러나 누가 그 말을 믿는가
장황한 그의 증언보다는 오히려
허공에 남아 떠도는 그 처절한 외마디 소리가
끊임없이 되살아나
가장 긴 이야기로 들리는 것을

아니리 10

유달리 비가 많고
무더웠던 지난 여름
우리는 반바지 바람으로
참을성 없이 청량음료를 마셔대며
가을이 어서 오기만 기다렸다
잠자리 떼 소리 없이 날아오르면
느릿느릿 여름이 물러가고
가을이 성큼 다가오리라 믿었다
그동안 중동의 사막으로 탱크가 몰려들고
북한의 고위 관리가 남한을 다녀가고
느닷없이 엄청난 물난리가 일어났다
그러나 시커먼 구름 위에서 변함없이
이글이글 불타는 태양
홍수가 휩쓸고 간 들판 밑에서
시뻘겋게 끓고 있는 용암
여름은 어디로 가지 않는다
하늘에게 내려와
땅속으로 스며들지 않는다

추석 귀성 차표가 매진되고
길가의 코스모스 따라 가을이
오리라 생각한 것은 잘못이었다
가을은 어디서 오지 않는다
남쪽으로 왔다가
북쪽으로 돌아가지 않는다
다만 계절밖에 믿을 것 없는
우리의 기다림이 처량할 뿐

그 전화

따르릉 전화 소리에 잠이 깨었다
수화기에서 들려오는
걸걸한 목소리
"내일 다시 모이기로 했습니다
오후 두 시까지
꼭 나와주셔야겠습니다"
엉겁결에 대답하고
수화기를 놓은 다음에야
목소리의 주인이 생각나고
그 얼굴이 떠올랐다
잠이 오지 않았다
얼마 전에 갑자기 죽은 그가
아직도 세상을 떠나지 못하고
서울 시내를 떠돌면서
앞날을 걱정하고 있기 때문이었다

III. 느티나무 지붕

봄날

겨우내 커튼 구석에 숨어
죽은 듯 꼼짝 않던
깨벌레 한 마리
어느 틈에 창문 곁 화분으로
자리를 옮겼다

목련 꽃망울 몽긋이 부풀어 오르고
들판 곳곳에 새싹이 돋아나고
개구리들 물가로 튀어나오는 것을
어떻게 방 안에서 알았을까

못 본 척 이 늙은 깨벌레를
그대로 내버려두었다가
경칩이 지나면
바깥으로 날려보내고

혼자서 봄날을 바라보리라
골목에서 딱지치기하는 꼬마들

떠들어대는 소리 음악 삼아
안경을 벗고 눈을 비비며

자라는 나무

실뿌리가 자라서
굵은 뿌리 되고
나무 밑둥에서 조금씩
조금씩 줄기가 생겨 갈라지고
줄기에서 나뭇가지 펴져나가
가지마다 수많은 이파리 돋아나고
마침내 하늘을 가리는
커다란 나무가 된다 보아라
땅으로부터 하늘을 향하여 나무는 위로
위로 자라는 것이다
그러나 자세히 보면 위로
아래로 힘껏 온몸을 뻗으며
실처럼 가늘어지는 나뭇가지들
그 무수한 가지 끝마다
햇볕이 쌓이고
빗방울이 머물고
바람이 걸려 조금씩
조금씩 줄기를 기르고

밑둥을 굵게 살찌우고
마침내 땅속으로 들어가
엄청나게 많은 뿌리로 갈라지며
넓고 깊게 퍼져나간다 보아라
하늘로부터 땅을 향하여 나무는 아래로
아래로 자라는 것이다

아니리 6

능금 익는 계절에는
청운동에서부터 걷기 시작했다
자하문 고개 넘어서 한참
세검정 개울 건널 때는
조선종이 냄새가 코를 찔렀다
북악산 뒷등성이를 돌아
삼청공원까지 혼자서
눈을 맞으며 걷기도 했다
사람이 없어도 무섭지 않았다

신록이 우거진 주말에는
줄을 서서 입장료를 내고
소주병과 비닐봉지 널린 산길
떼 지어 올라간다
고기 구워 먹고 화투 치고
장터처럼 왁자지껄 시끄러워도
몰려다녀야 무섭지 않다
모이면 겁나지 않는 사람들이
오늘은 모두 산으로 왔나 보다

여름 나무들

봄가물 아랑곳없이
꽃 피우며 잎 키우며 부지런히
어느새 열매까지 맺은 여름 나무들
오랜만에 비가 내려
깨끗이 씻어주었네
잣나무 늘푸른 바늘잎들
대추나무 반짝이는 잎사귀들
한 개도 빠짐없이 모두 씻어주고
뽀얗게 먼지 낀 줄기까지
시원하게 닦아주었네
목욕할 수 없는 나무들 위로
장대 같은 빗줄기 쏟아져 내리고
헤엄칠 수 없는 나무들 찾아서
파도는 끊임없이 뭍으로 몰려오네
새소리 매미 소리 바람 소리로
하늘을 부르며
바다를 부르며
짙푸르게 손짓하는 여름 나무들

14행

얼룩덜룩 화장한 취로 사업장 아주머니처럼
비애로 물들었던 감나무 잎들
가을바람에 흩날려 몽땅 떨어지고
주홍색 열매들만 오롯이 익어간다

벽돌담에 올라가 감 서리하던 개구쟁이들
후다닥 골목길로 도망치고
호통치며 쫓아 나온 복덕방 영감님
남은 홍시를 거듭 헤아린다

앙상한 나무의 뼈 마디마디에
동그마니 매달린 나무의 넋
무게 없는 그 빛깔

어떻게 건드릴 수 있으랴
누가 가질 수 있으랴
그저 멀리서 바라볼 수 있을 뿐

저녁 마을

잠자리 떼 하늘 가득히
짝을 지어 날아다니고
소슬바람 팔을 스치는 가을 저녁
올림픽 소식 넘쳐흐르는
석간신문 옆으로 밀어놓고
열띤 TV 중계 꺼버리고
앞마당 평상에 걸터앉아
풀벌레 소리에 귀를 맡긴다
그윽하게 후박열매 빛으로
물드는 저녁노을
주렁주렁 대추가 익는 나뭇가지 끝에
누렇게 바랜 잎새 하나
코스모스 줄지어 핀 마을 앞에서
버스를 내려
가볍게 흩어져가는
하얀 깃 교복의 소녀들

아니리 2

보아라
발갛게 물든 뭉게구름처럼
함빡 부풀어 오른 꽃잎들 흩날려
봄을 맞는 살구나무
우거진 처녀잎들 사이로
탐스런 열매들 감추고
여름날 욕망을 삭이는 모과나무
황금빛 나비의 날개들
아깝게 떨구며
가을로 돌아가는 은행나무
그리고 서북풍 눈보라 속에서
더욱 짙푸른 측백나무
겨울 추위 겁내지 않고
여름을 틈타 덤벼들지도 않고
철 따라 제 모습으로 언제나 제자리에 서 있는
나무들
죽어서 쓸모 있기보다
살아서 더할 수 없이 아름다운

저 나무들을
모조리 베어버리고 그 자리에
나무를 흉내 낸
조형물을 만들어 세우겠다는 말이냐

향수

밀려온다 붉은 파도
배 검은 물고기들 떼 지어
바닷가를 덮치고
거센 바람 불어온다
달걀 썩은 냄새를 풍기며
누런 바람 불어온다
어지럽다
방독면을 쓰고 달릴 때처럼
숨 가쁘고
가슴이 터질 것 같다
지워지지 않는 기름 자국이
시멘트 바닥 곳곳에 스며들어
사막을 기른다
눈앞이 뿌옇다
무엇이 몸속에 쌓여
답답하고
구역질 나게 하는지
지친 몸뚱이조차

쉴 곳 없는 땅에서 부질없이
고향을 그리워하는 마음
이제 어디로 가야 할지

높이 솟은 풍경

높이 솟은 그 산은 강을 메우고도 남을 만큼 장엄하지 않은가.

멀리서 바라보면 매일 자라는 산.

낮에는 아련히 먼지 기둥을 세우고, 밤에는 온 도시에 역겨운 냄새를 풍긴다.

플라스틱 나무와 고철 바위 사이로 시커먼 폐유가 흐르고, 다람쥐와 멧새 대신 파리와 구더기가 들끓고, 낡은 청소차가 헐떡이며 기어 올라가는 산.

피와 오줌과 똥과 연탄재가 얼마나 깨끗한가 보여주는 곳. 여기는 일찍이 난초가 자라는 섬이었다.

어찌하여 이 깨끗한 섬이 더러운 산으로 바뀌었는가.

높이 솟은 이 굴뚝은 거대한 화학 공장의 누런 매연과 유독 가스를 하늘에 버리기 위하여 만들었다고 한다.

하지만 이 굴뚝은 너무 높지 않은가. 중간이 막혀도 올라가서 고칠 수 없으니 말이다.

언젠가 이 굴뚝은 쓰러질 것이고, 반경 5킬로미터 안팎은 틀림없이 엄청난 피해를 입게 될 것이다.

이렇게 끔찍한 사고가 났을 때, 목숨과 재산을 잃게 될 사람은 과연 누구인가.

높이 솟은 그 성곽에는 가장 일찍 해가 뜨고, 가장 늦게 해가 진다.

때로는 구름에 성탑이 가리고, 비바람이 성벽에 부딪혀 우박이 되어 떨어지기도 한다. 덕택에 성 밑 마을에는 언제나 그늘이 지고, 음습하여 살기가 나쁘다.

농사를 지을 수도 없고, 장사를 해도 안 되고, 그저 성곽에서 나오는 쓰레기나 뒤져먹으면서 목숨을 이어간다.

도대체 그 성곽에는 누가 살며, 성 밑 마을에는 누가 살고 있는가.

돌옷

그 행위 예술가는 일찍이 한강대교를 몽땅 비닐로 싸매려고 시도해서 세상을 놀라게 한 바 있었다.

인왕산의 헌칠한 미끄럼바위에도 언젠가 거대한 의상을 입히겠다고 공언했었다.

당국의 허가를 얻어 그 꿈을 미처 펼치기도 전에, 그가 교통사고로 타계한 것은 참으로 애석한 일이다.

하지만 아직도 그가 살아 있다면,

놀랄 것이다. 아무 말 없이 그 커다란 바위가 자디잔 이끼와 담쟁이덩굴로 연록색 여름옷을 해 입은 것을 보고.

느티나무 지붕

갑자기 한밤중처럼 어두워졌다. 번개의 뒤를 따라 아스팔트 길바닥에 통나무 쓰러지는 소리가 나더니 억수같이 비가 쏟아지기 시작했다. 마치 퍼붓기라도 하듯, 한 시간 가까이 장대비가 쏟아졌다.

집집마다 지붕이 새고, 지하실에 물이 들어오고, 사방에서 축대가 무너져 가옥이 매몰되고, 하수구가 막혀 도로가 침수되고, 강이 넘쳐흘러 논밭이 떠내려갔다. 물이 들지 않은 집도 가재도구는 물론 마음 속까지 모두 축축하게 젖어 있었다.

다만 동네 한가운데 있는 정자나무 아래만 예외였다.

나이가 백 살도 넘었다는 이 커다란 정자나무 아래서 마을 노인들은 여름이면 장기나 바둑을 두었다. 두 아름이 넘는 나무 밑둥을 둘러싸고 나지막이 돌멩이로 축대를 쌓아 걸터앉게끔 만든 이 쉼터에서 꼬마들은 묵찌빠를 하거나 만화를 읽기도 했다.

바로 이 쉼터만은 놀랍게도 전혀 비에 젖지 않았다. 흙에서 먼지가 날 만큼 보송보송했다.

느티나무 그늘이 짙은 것은 진작부터 알고 있었지만, 그 많은 나뭇잎들이 모여서 이처럼 완벽하게 지붕 노릇을 하리라고는 생각지 못했었다.

IV. 오솔길

아니리 4

세상 돌아가는 꼴
입맛 써서 못 보겠네
쓸 만한 인물들 모두 죽었고
똑똑한 사람들 눈치만 밝아지고
못된 놈들 내로라하고 설쳐대니
어디 마음 나눌 친구 한 명 있나
세상이 바뀌든가 아니면
보기 싫은 것들 몽땅 사라지든가
하기를 오랫동안 바라왔지
그러나 달라진 것 하나도 없고
이제는 온 세상 모든 사람이 오히려 나를
못마땅히 여겨 손가락질한다니
바뀌든가 아니면
사라지든가
해야 할 사람이 바로 나란 말인가

나는 그를 모른다

누가 물으면
모른다고 대답하겠다
오랫동안 생각해왔지만
이제는 모른다고 말하겠다
새벽에 일어나 오줌을 눌 때부터
한밤중 잠자리에 들어갈 때까지
때로는 자다가 깨어서도
언제나 생각해왔다
출근길에 횡단보도를 건널 때도
순두부백반집에서 점심을 먹을 때도
전화번호를 돌릴 때도
혼자 있거나
여럿이 어울리거나
잠시도 잊을 수 없었다
그러나 이제 누가 물으면
그를 모른다고 대답하겠다
가을 산마루에서 내려다보면
개미처럼 바장이는 자동차와 행인들

아무런 관계도 없이 서로
타인이 되어 헤아리는 겨울
밤하늘의 차가운 별자리
태어나기 전에도
죽은 다음에도
변함없는 세상을 그려보면서
누가 물으면 태연하게
그를 모른다고 대답하겠다
아직도 오랫동안 생각나겠지만
나는 그를 모른다고 말하겠다

증언

여름밤 비가 내렸다.
인왕산 너머에서 포성이 들려왔다.
서울을 사수하겠다는 방송을 우리는 믿었다.

인민군이 들어온 다음에도 우리는 속았다고 금방 믿지 않았다. 며칠 동안 학교에 나가서 이북 노래를 배우기도 했다.

의용군 징집을 피하여 형들은 밀짚모자를 쓰고, 분당리 친척집으로 도망가서 숨어 있었다.

배가 고팠다.

값나가는 패물이나 쓸 만한 옷가지를 가지고 변두리 시골에 가서 먹을 것과 바꾸어왔다. 그래야 겨우 호밀수제비나 호박풀떼기로 연명을 해나갈 수 있었다.

한밤중이면 인민군이 가택수색을 나왔다. 총 끝에 꽂은 대검으로 빈 항아리 속이나 이불 더미를 쿡쿡 쑤셔대었다. 몇 번이나 찾아온 내무서원을 용케 따

돌린 덕택에 아버지는 가까스로 납북을 면할 수 있었다.

유엔군의 인천 상륙 뉴스를 듣고 기뻐하던 날, 밤새도록 함포 사격이 계속되었다.

포성이 멈춘 새벽, 방공호에서 나왔을 때, 우리는 폐허에 서 있었다.

이 세상에 태어나서 하루도 떠나지 않고 살아온 집, 그 커다란 기와집이 하룻밤 사이에 사라져버렸다. 믿을 수 없는 일이었다.

그때부터 세상은 우리를 속이기 시작했다.

오솔길

지장보살 앞에 놓인
망자(亡者)들의 사진
내 또래도 눈에 띄고
젊은 얼굴도 더러 있다
나도 꽤 오래 살았구나
손주의 운동화 빌려 신고
절을 찾아온 할머니들과
중년 등산객들 틈에 끼어 서서
명부전(冥府殿)을 기웃거린다
어둑한 침묵의 한구석에
목탁과 복전함(福田函)
주민등록증과 돈지갑이 들어 있는
바른쪽 속주머니를 지나
갈빗대 밑에서
뜨끔거리며 자라는 죽음
어버이를 잃거나
자식을 낳거나
먹고 마시고 즐기며

오십 년을 어질러놓은 자리
서둘러 대충대충 치우려 해도
이제는 빠듯한 시간이다
아무도 눈치채지 못하게
슬픔의 배낭 조금씩 줄이고
그림자 슬며시 숲 속에 남겨두고
일찍 어둡는 산길
혼자서 총총히
떠나야겠구나

어둘 녘

아들네는 아파트를 얻어 나갔고
딸은 미국으로 시집갔다
정년퇴직한 뒤
늙은 아내마저 잃고
오랫동안 잊었던 아버지
산소를 찾아왔다
산신제 소나무 아래 앉아
흙냄새 풀냄새 풍기는
저녁노을 바라본다
숲 속의 멧새들 잠들고
저 아래 마을에서는
텔레비전 광고 노래 요란하다

초겨울

혼자 사는 데 곧 익숙해지겠지
외국에 간 자식들 소식 없고
세금 고지서만 꼬박꼬박 날아오겠지
외기러기 친구들과 어울려
어쩌면 성당에 나가겠지
새벽 기도를 하고
열심히 설교를 듣고
신부님 칭찬을 기뻐하겠지
온종일 봉사 활동 쫓아다니고
고단하게 쓰러져 하루하루를 잊겠지
뒷산에서 소쩍새 우는
옛날 집 팔아버리고
마침내 아파트로 이사하여
난방비가 인상될 때쯤
허리병 때문에 드러눕겠지
잠마저 잃고
꿈마저 빼앗기고
환한 웃음마저 눈물로 되갚으며

혼자 앓는 데 곧 익숙해지겠지
그리고 아무도 익숙해질 수 없는
앞날을 기다리겠지
그 긴 순간을 기다리겠지

저녁 신문

치질 수술은 경과가 좋았다
잔디밭에 새싹이 돋아날 무렵
오래 앓던 어금니를 갈아내고
백금으로 봉을 해 박았다
마음대로 아무거나 씹어 먹어도
앞으로 너덧 해는 견딜 것이다
그는 젊어진 것 같았다
머리에 물을 들이고
춘추복도 한 벌 해 입었다
어제 아침 약수터에 나왔었다
LA에 사는 아들네 다녀올
여권을 자랑스럽게 보여주었다
오늘따라 일찍 배달된
저녁 신문 한 귀퉁이에서
그의 부음을 듣는다
계절은 이제 신록으로 바뀌는데

있다는 것

그는 흙으로 돌아갔다
돌아간다는 것
하루 일을 끝내고
집으로 돌아간다는 것
자식들이 속을 썩이고
마누라가 바가지를 긁어도
집으로 돌아올 수 있다는 것
별다른 희망이 없더라도
신문을 뒤적거리고
창밖의 전신주를 바라보거나
책상 서랍을 정리할 수 있다는 것
밀린 편지를 쓸 수 있다는 것
고단한 몸을 눕혔다가
아침에 다시 일어날 수 있다는 것
다행스럽게도 이렇게 살고 있다는 것이
슬퍼졌다
친구의 장례를 치르고
돌아온 다음부터
나는 눈이 여려졌다

공자묘(孔子廟)

군데군데 잔디가 벗겨져
붉은 흙 드러난 무덤
밋밋한 봉분(封墳) 앞에서
이끼 낀 상석(床石) 어루만지며
2500년을 견뎌온
소박한 가르침 되새긴다
호화롭게 무덤을 꾸며
죽음마저 더럽히고
이름 없이 사라진 수많은
소인(小人)들이여

임종(臨終)

한평생
잘 쉬었다
이제부터 죽음을
시작해야지

V. 진양조

진양조

가늘게 떨리다가
굵게 울리다가
떨림과 울림 사이에서
잠깐 멈추기도 한다
줄과 줄 사이에서
그 침묵까지도
동양화의 여백처럼
소리로 들려주면서

옛 그림

그 당시에는 모두들 우러러보았겠지만
루이 XIV 세의 그 거만한 모습
지금 보니까 우스꽝스럽다

그 당시에는 모두들 부러워했겠지만
루벤스가 그린 그 귀족의 초상
지금 보니까 초라하다

타락한 예술이라고 금지되었던
어느 유화 속의 벌거벗은 여자와 남자들
불과 50년이 지난 뒤
지금 보니까
늙어빠진 할머니와 망령 난 할아버지들

작자 미상의 한국 민화 속에서
볏단 터는 농사꾼
지붕 잇는 막일꾼
지금 보니까

땅냄새 새큼한 직산말 아주머니
콧노래 구수한 목수방 아저씨
모두가 낯익은 우리의 이웃들

백조의 춤

무모한 짓이다
사람이 백조를 흉내 내다니
(백조가 보면 얼마나 우스울까)
하지만 발끝으로 서서 가볍게
두 팔로 날갯짓하는
저 부드러운 움직임
하얀 넋을 보여주는
저 꾸며낸 몸짓
저것은 백조가 흉내 낼 수 없는
사람의 놀이 아닌가

용산사(龍山寺)

사랑과 복을 비는 만수향 연기
잡다한 신(神)들을 까맣게 그슬리고
지폐를 태워버리는 불길
지붕 위로 피어올라
용(龍)이 되었다
바람을 삼키고
구름을 나꾸어채면서
당장이라도 하늘로 날아오를 듯
용마루 위에서 꿈틀거리는
간절한 소망들 때문에
대하(大廈)의 드높은 창문에서조차
이 사원(寺院)을 내려다볼 수 없다
올려다보아야 한다

어머니

시뻘겋게 바위가 녹아
펄펄 끓어넘치고
시커먼 연기구름
하늘을 가리며 뭉클뭉클 솟아오르는
활화산 기슭
용암 재로 뒤덮인 전망대에서
열려진 산봉우리를 바라본다
살아서 꿈틀거리는
대지의 몸이다
불타는 바위를 뚫고
가쁜 숨 내쉬듯
땅속에서 끓는 물 뿜쳐 나온다
깊은 숨 들이쉬듯
물줄기 잠깐 멎은 사이
온천수에 달걀을 삶는 사람들
들린다
지구의 맥박 뛰는 소리
어머니의 숨결이다

핏줄

일생을 참고 견디며 모범적으로
살아온 우리로서는
왜 그들이
싸우고
부수고
빼앗고
약을 먹고
찔러 죽이는지
이해할 수 없는 일이다
하지만 그들이 바로 우리의
동생이고
자식이고
조카고
후배이며
동포라는
사실을 생각하면
우리만 모범적일 수도 없다
어느 다른 조상을 닮았다 해도

그 피는 결국
우리의 몸을 통하여 그들에게
흘러갔을 터이니

새 기르기

뒷문 삐거덕 열리면
아줌마가 부르기라도 한 듯
새들이 우르르 날아 내려와
오동나무 아래 쓰레기터에서
곁밥을 먹는다
까치는 꽁치 찌꺼기를 좋아하고
비둘기는 콩나물 대가리를 집어먹고
참새는 밥 알갱이를 줍는다
왁자지껄 떠들어대지 않고
먹이 때문에 다투지도 않는다
한바탕 먹는 일이 끝나면
날갯소리 숚숚거리면서
추녀 끝이나 나뭇가지에 올라앉아
부리로 깃을 다듬거나
모여서 재잘거린다
서로 아픈 곳을 쪼아대지 않고
자연스럽게 어울려 살아가는 새들이
때로는 새장 밖에서

아니 창밖에서
새장 안을
아니 우리 집 안을
들여다보기도 한다

노틀

눈이 예쁜 여자는
눈 두덩이 먼저 늙는다
환갑이 넘어서도
처녀처럼 고웁다 한들
누가 그 몸매를
아름다워하겠느냐

힘살이 억센 남자는
가슴팍이 먼저 늙는다
일흔이 넘어서도
아이를 낳는다 한들
누가 그 정력을
부러워하겠느냐

비록 몸은 못생겼어도
마음 바르고
똑똑한 정신 지녔던 사람
이제는 늙어 쪼그라졌어도

높고 빼어난 인품
누구나 아름답다
부러워하느니

달력

TV 드라마는 말할 나위도 없고
꾸며낸 이야기가 모두 싫어졌다
억지로 만든 유행가처럼 뻔한
거짓말을 늘어놓는 글도 넌더리가 난다
차라리 골목길을 가득 채운
꼬마들의 시끄러운 다툼질과
참새들의 지저귐 또는
한밤중 개 짖는 소리가 마음에 든다
가장 정직한 것은 벽에 걸린 달력이고

아니리 7

눈 깜짝할 사이였다
처음과 끝이 함께 있어
가운데를 끊을 수 없을 만큼
짧은 순간이었다
그때 일어난 일이
처음부터 끝까지
또렷하게 떠오르는 것을 보면
긴 시간이기도 했다
그때를 경계로 하여 한 생애를
앞과 뒤로
나눌 수 있을 만큼
중요한 시점이기도 했다
아무리 잘 꾸며낸다 해도
다시는 그대로 일어날 수 없는
그런 순간을
누가 또 겪으려 하는가

VI. 한 사람 또는 몇 사람이

영산홍

영산홍 가지들을 잘라낸다
보기 좋게 자라도록
전지가위로 잘라낸다
삐죽삐죽 솟아오른 가운데 줄기와
시퍼렇게 자라오른 윗가지들
목과 팔과 허리가 잘려나가고
밑둥에서 돋아난 아랫가지들과
키를 낮추어 맞춘다
가지런히 짧아진다
해마다 잘라주고
보기 좋게 다듬어놓아도
나란히 자라지 않고
봄이면 다시 솟아오르는 윗가지들
전지가위는 자꾸 무뎌지고
떨기나무는 끊임없이 자라서
담홍색 꽃 함빡 피어낸다

오우가(五友歌)

바위와 나무가 가려주었지
우리가 처음으로 사랑을 나누던 때
닫혀진 스틸도어나 내려진 커튼이 아니라
널려진 바윗돌과 대나무 잎들이 우리를 감추어주었지

소나무 숲 속에 엎드려 숨죽이던 때
끈질기게 뒤쫓는 그들로부터 우리를 지켜준 것은
수류탄이나 기관총이 아니라
귀가 멍멍하게 쏟아져 내리는 폭포 소리였지

북두칠성을 뒤돌아보면서
굶주린 발길을 해남(海南)으로 재촉하던 때
어둠 속에서 우리를 이끌어준 것은
강철 같은 이념이 아니라 희미한 달빛이었지

이끼

구르는 돌에 이끼가 끼지 않는다는 옛말은 이제 맞지 않는다.

이끼는 나무껍질이나 바위 틈에 생긴다고 생각했던 것이 잘못이었다.

시커멓게 더럽혀진 바닷물이 역한 냄새를 풍기는 항구에 가보면, 강철로 만든 선박의 옆구리에도 이끼와 조개가 붙어 있고, 철 따라 태평양을 북상하는 고래의 등허리나 나일강의 악어 발톱 사이에도 이끼가 끼어 있다는 사실을 옛날에는 몰랐기 때문이다.

기계문명과 산업사회의 급격한 발달로 자연은 나날이 훼손되어 가는데, 유독 이끼만 이에 아랑곳없이 엄청난 기세로 널리 퍼져서, 요새는 종합병원의 대형 냉방기 속이나 섭씨 1800도의 용광로 내부 및 핵폐기물을 밀봉한 특수 드럼통 안에서도 이끼가 자란다고 하며, 점보제트기의 날개 속이나 지구로 귀환한 인공위성의 부품 속에서도 신종 이끼가 발견된다고 한다.

우리의 발가락이나 겨드랑이나 사타구니에서 번

식한 지는 이미 오래되었고, 내장 속까지 깊숙이 침투하여 목숨을 빼앗기도 하며, 무덤 속의 시체에까지 기생하는 이끼여.

죽음을 두려워하지 않는 가장 끈질긴 삶이여.

짓눌려도 살아가는 우리의 넋이여.

세상살이

혼자서 외롭게 또는
여럿이 힘을 합하여 우리는
일하며
살아간다
온종일 논밭에 엎드려 김매고
목공소에서 톱질하고 공장에서 용접하고
도맷값으로 생필품 받아다가 낱개로 팔기도 하고
사무실에서 통계를 뽑으며 머리 썩히고
교단에서 목이 쉬도록 국어 사랑 가르치고
집 안 치우고 빨래하고 밥 짓고 아이들 보살피고
증권 투자나 땅장사에 눈이 빨갛게 되어 쏘다니기
도 하고
선거구민들 경조사에 빠짐없이 얼굴 보이고
이 세상에 일 아닌 것 어디 있으랴
깡패나 도둑을 빼놓고는
누구나 일을 해야 돈을 번다
여럿이 벌어들인 몫을 골고루 나누지 않고
혼자서 몽땅 먹으려는 동포들이여

누구나 일하고
일한 만큼 벌어서
번 만큼 살아야 한다
혼자서 일하는 것처럼 뻐기며
여럿이 한꺼번에 일손을 놓고
떼 지어 덤벼드는 동포들이여
일도 많았던 1980년대 어느새 저물고
다음 세기가 다가와도 우리는
일하고
나누며
함께 살아갈 것이다
여럿이 모여서 다투며 살고
저마다 혼자서 외롭게 죽을 것이다

아니리 8

아버지의 헌 옷 줄여서 입고
배추꼬랑이 깎아 먹으며 겨울밤 지샐 때도
까까머리 동생들은 잘 자랐고
누이들은 사직공원에서 데이트를 즐겼다
창피할 것 없었다
가난은 곧 양심이었고
우리 모두의 재산이었다
이 마지막 재산을 팔아
비디오와 에어컨과 스포츠카를 사들인
아들딸들아
아무래도 떳떳지 못해
짙은 화장으로 얼굴 감추고
배우나 가수처럼 변복을 걸치고
증권 시장을 드나들 필요가 어디 있느냐
되찾아야 할 것은
며느리와 사위들아
부모가 남긴 재산이 아니라
잊어버린 가난이다

돌려다오 나에게

살기 힘든 세상을 탓할 수 없던
그 무서운 시절에도
집에서 초상을 치를 수 있었다
아카시아꽃 만발하기 전에는
저마다 자기의 사연을 남기고
죽을 수 있었다

한 집 두 집 간장을 달이는 짜가운 냄새
골목 가득 풍겨와
후박꽃 은은한 향기 지워버리는 오늘
고목처럼 버티던 옛 스승이
조용히 그림자 거두어도
진실로 슬퍼하는 제자들 없고
주먹 쥐고 땅 구르며 쓰러진 젊은이들
끝끝내 흙으로 돌아가지 못한다

환한 꽃 모두 지고
새카만 숯만 남은 계절

한 번뿐인 삶이야 이미 버렸다 해도
머리띠 두르고 농성하면
쟁취할 수 있을까
돌려다오 나에게 나의 죽음을

노동절

오늘은 주차장이 텅 비었다
관리인도 나오지 않았다
오일 자국으로 얼룩진 광장에
온종일 햇볕이 내리쪼이고
가끔 비둘기가 모이를 찾고
바람이 지나간다
일하는 사람들 눈에 띄지 않고
널려진 물건들 하나도 없이
하늘 아래 비어 있는 땅
부당한 온갖 점거를 벗어나
잠시 제자리를 찾아
쉬고 있는 이 빈터를 오늘은
주차장이라고 부르지 말자

왼손잡이

남들은 모두 오른손으로
숟가락을 잡고
글씨 쓰고
방아쇠를 당기고
악수하는데
왜 너만 왼손잡이냐고
윽박지르지 마라 당신도
왼손에 시계를 차고
왼손에 전화 수화기를 들고
왼손에 턱을 고인 채
깊은 생각에 잠기지 않느냐
험한 길을 달려가는 버스 속에서
한 손으로 짐을 들고
또 한 손으로 손잡이를 붙들어야 하듯
당신에게도 왼손이 필요하고
나에게도 오른손이 필요하다
거울을 들여다보아라
당신은 지금 왼손으로

면도를 하고 있고
나는 지금 오른손으로
빗질을 하고 있다

소야곡 2

바쁘게 오고 가는 님들이여
바라본다고 창문으로
내려다본다고 손가락질하지 마십시오
비오는 거리의 행인들
위에서 내려다보면
우산밖에 보이지 않고
밤중에 달려가는 자동차들
멀리서 바라보면
전조등밖에 보이지 않습니다
한가롭게 창문으로
내다본다고 미워하지 마십시오
모두가 옷자락 여미면서
빗길을 재촉한다면
모두가 두 눈 부릅뜨고
서둘러 밤길을 달려간다면
비오는 밤을 별처럼 조용히 수놓는
저 수많은 창문의 불빛
누가 밝힐 것입니까

어디선가 차에서 내려
언젠가 젖은 옷을 털면서
집 안으로 들어설 님들이여
불 켜진 창가에서 바깥을
바라본다고 주먹질하지 마십시오

그이

온갖 몸부림도 소용없었다
발 디딜 곳도 없이
손 잡을 데도 없이
파도에 휩쓸려
허우적거릴 뿐
함께 온 수영 선수도
건장한 바다 경찰도 소용없었다
가물가물 해변이 멀어지고
별별 모습들 다 자맥질했다
세상이 온통 나의 몸에 매달려
바다가 곧 저승이라고
단정했을 때
구명대를 던져준 사람
그이가 누구였는지
나는 모른다
모른 채 살아가고 있다
그러나 세상이 온통 나의 마음을 짓누르고
지금이 그대로 계속되어

이렇게 결국 끝나리라고
단정하게 될 때면
구명대를 던져준 사람
그이를 다시 생각한다
아직도 누구인지 내가 모르는
사람
그이와 같은 사람들이
이 세상에 가득하리라 믿으며

간추린 설교

장마와 태풍 지나간 뒤
맑은 하늘과 따스한 햇볕 누리게 되리니
우리를 슬프게 하는 것들에게 감사하라
눈물과 울음은 우리의 마음을 자라게 한다
우리를 화나게 하는 것들에게 감사하라
분노의 불길은 참담한 부끄러움을 느끼게 한다
환멸을 주는 사람들에게 감사하라
씁쓸한 삶의 모습을 그들은 보여준다
배신하는 사람들에게 감사하라
믿음이 참으로 무엇인가 그들은 가르쳐준다
깡패 같은 자들에게 감사하라
그들은 논리의 귀중함을 일깨워준다
그리고 우리를 억누르는 자들에게 감사하라
그들의 폭력 아래서 우리는 더욱 질겨지고
마침내 힘을 합쳐 일어나
우리의 밝은 세상 이룩하게 되리니

한 사람 또는 몇 사람이

젊은이들 모두 떠나가버린 들녘에서
늙은 농부 한 사람이
메마른 논에 물을 대고 있다

바캉스를 즐기려 산으로 바다로 달려가는 한여름
불볕 내리쬐는 고속도로 분리대 주변에서
수건을 쓴 청소원 몇 사람이
쓰레기를 줍고 있다

노학연계투쟁이 한바탕 지나간 학생회관 앞마당
나뒹구는 화염병 유리 조각 최루탄 파편 유인물 전단
관리과 잡역부 몇 사람이
힘겹게 치우고 있다

앞장서 투쟁하던 간부들 코를 고는 겨울밤
창고 옆 숙직실에서 라면을 끓이며
나이 어린 공원 한 사람이

다친 동료를 돌보고 있다

누군가 한 사람 또는 몇 사람이
흔들리는 기둥을 붙들고 있어 그래도
이 세상이 무너지지 않는다

|해설|

평범과 비범의 표리

조남현

김광규의 첫 시집『우리를 적시는 마지막 꿈』이 나왔을 때 느낄 수 있었던 신선감은 아직도 생생한 기억으로 남아 있다. 이때의 신선감은 참으로 쉽고, 가식 없는 언어들과 삶·현실·인간을 본질적으로 사고하려는 태도가 화음을 내고 있다는 판단에서 빚어진 것이었다. 실제로 1970년대 시들 사이에서 이런 기묘한 화음을 듣기는 쉽지 않았다. 1970년대 시를 순수시/민족시로 양분하는 시각에 고분고분했던 당시의 독자들의 눈에 김광규의 첫 시집은 이물감을 안겨주는 것으로 비쳤을 듯하다. 그러나 1970년대 말에 양분론에 식상해버렸거나 두 흐름의 지양을 모색했던 시인들과 독자들에게 그의 첫 시집이 새 지평을 열어주는 데 한몫 단단히 한 것임은 부정할 수 없다.

그의 시로부터 받은 신선감은 실제로 김광규가 시의 창작 방법에 얽힌 재래의 통념을 조용하게 그러나 분명하게 깨버린 시인이었다는 해석으로 이어지게 된다. 그의 시에서는 시어와 일상어의 양적·질적 차이를 가늠하기가 어려울 뿐만 아니라 이른바 시적 상상력의 특수성도 확인하기가 쉽지 않다. 이미 그의 첫 시집에서부터 시는 언어에 봉사하는 것이 아니라, 생각과 느낌의 진솔한 표출을 궁극의 목표로 삼는 양식이라는 그 나름의 신념이 분명하게 배어나오고 있다. 첫 시집에서 제5시집 『아니리』까지의 시들 대부분은 남다르고, 빼어나고, 현란한 표현에 도달하기 위해 무척이나 고심하는 시인들을 무색하게 만든다. 시는 어쩔 도리 없이 어느 정도의 모호성을 남길 수밖에 없는 표현 양식이며 시인은 감성의 면에서든 의식의 면에서든 결국은 독자들보다 위에 있거나 앞에 있는 존재라는 식의 고정관념에 젖어 있는 사람들에게 김광규는 그의 시집들을 통해서 일관되게 의문부호를 안겨 주어왔다. 마치 그는 시인들이여 그대들은 스스로를 별난 존재로도 또 잘난 존재로도 생각할 필요가 없다, 고 부단히 외치고 있는 듯하다.

이처럼 그는 시와 독자 사이의 거리를 좁힐 수 있었고 시 양식과 산문 양식 사이의 벽을 무너뜨릴 수 있었고 시적 상상력이란 일반적이며 친숙한 정신 작용임을 실증할 수도 있었다. 독자들의 입장에서 본다면 김광규는 겸손과 온유함을 제일의 미덕으로 아는 시인임에 의심할 여지가 없다. 그러나 이때의 겸손과 온유함을 무정견이나 몰개성과 연결짓는 것은 곤란하다. 왜냐하면 특히 시의 양식화 방법이란 면에서 그는 '고집 센' 시인으로 비치고 있기 때문이다. 첫 시집(1979) 이후, 『아니다 그렇지 않다』(1983), 『크낙산의 마음』(1986), 『좀팽이처럼』(1988)으로 이어지는 그의 일련의 창작 시집들은 계속 긍정적 시각과 부정적 반응이 분명하게 교차했던 것이긴 하지만, 한편으로는 김광규 특유의 시학 혹은 창법이 완전하게 자리를 잡아간 과정 바로 그것이라고도 할 수 있다. 그렇다면, 그의 특유한 시학 혹은 창법은 어떻게 설명할 수 있는 것인가. 첫 시집이 나왔을 그 무렵 김광규는 1970년대 한국시의 그 어느 주류에도 들지 못한 채 어정쩡한 제3자로 보였기가 쉬웠을 것이다. 일찌감치 그는 역사적 상황이나 개별자의 내면 공간 대신에 일상적 현실을, 치열한 '의식'이나 끝 모르는 존재론적 고뇌 대신에 건강한 상식인으로서의 자기 성찰과 현실 비판을, 한난(寒暖)이나 명암이 무상한 서정성 대신에 투명하면서도 담담한 지성을 선택한 기미를 보였다. 김광규는 첫 시집을 낸 직후 격랑을 만나게 된 것이다. 1980년대는 민중시가 더욱 적극적이고 전향적인 모습으로 개화한 시기라는 데 대해 이의를 달 사람은 별로 많지 않다. 민중시의 논리와 방법이 급격히 대세를 이루는 현실이 눈앞에 닥치게 되면서 김광규의 현실 비판의 소리는 상대적으로 더욱 저음이 될 수밖에 없었고, 그의 시적 관심의 대상들은 더욱 주변적이고 사소한 것으로 보일 수밖에 없었다. 말하자면 시인 김광규와 그의 시편들은 목청이 우렁차고 역사·민족·통일 등의 거창한 문제들을 다룬 시편들의 격류 속으로 휩쓸려 들어가기가 쉬웠다는 것이다. 그러나 그는 용케도 버텼고 마침내 자기를 지킬 수 있었다. 그는 1980년대에 리얼리즘 시가 거대한 흐름을 형성해간 현실 속에서 소외감을 맛보면서도 자신의 시의 톤을 높이지도 않았고 또 '큰' 문제나 대상 쪽으로 관심을 돌릴 줄도 몰랐다. 『우리를 적시는 마지막 꿈』에서의 톤은 제4시집 『좀팽이처럼』, 제5시집 『아니리』에 가서도 거의 기복을 보이지 않고 있다. 그는 『아니리』에서도 10여 년 전의 첫 시집 『우리를 적시는 마지막 꿈』에서와 마찬가지로 현실과 시대에 대해서도 직접적인 관심을 드러내보이고 있고 또한 비판 정신의 시위를 늦추지 않고 있다. 오히려 그는 현실에 등을 돌리려 하고 시대를 건너뛰려 하는 시인들을 못마땅해하는 입장에 가깝다. 또 곧잘 연설·반어·희화화 등으로 구현되곤 하는 비판 정신을 시적 상상력의 중심부에 놓고 보는 축이다.

앞서 말한 것처럼, 70년대 말쯤 해도 그는 어설픈 대로 제3의 입지를 마련할 수 있을 것처럼 보였다. 그러나 우리 시사에서 일대 전환기라고 불러도 좋은 1980년대를 경과한 오늘 이 시점에서 김광규에게는 제3의 입지 마련 가능성이라든가 꿈은 남아 있지도 또 남을 필요도 없다고 판단하는 것이 옳을 것이다. 80년대를 거치면서 우리 시는 질과 양의 심한 불균형이라는 큰 문제를 드러내고 있기는 하지만 여러 유파나 방법론들 사이의 활발한 상호 침윤에 힘입어 다양한 모습들을 보여주게 된 것이 사실이기 때문이다. 김광규는 70년대 말에 씨를 뿌리는 일을 해낸 것으로 평가될 수 있으며 또 그 정도로 자족해야 할지 모른다. 그럼에도 김광규는 '김광규적인 것'의 확립과 심화 작업을 게을리하지도 않고 있으며 이 작업을 포기할 낌새는 전혀 드러내지 않고 있다.

지금까지의 시집들을 통해서 과연 김광규적인 것을 찾아낼 수 있을 것인가. 시인으로서의 그의 관심은 '작은' 문제나 '주변적인' 존재와 사실 또는 '소박하기 짝이 없는' 인식 쪽으로 쏠려 있다고 할 수 있거니와 바로 이 점에서 김광규의 견고한 개성을 확인할 수 있을 것이다. 그가 자주 다루는 현실 문제들은 역사니 본질이니 하는 개념과는 일단은 어느 정도 동떨어진, 그야말로 우리의 일상적 삶의 주변에서 얼마든지 쉽게 찾아볼 수 있는 그런 것들이다. 그런가 하면 대체로 그의 작품들은 그냥 상식이라고 불러도 좋을 인식이나 감정을 확인하는 수준에서 끝이 나고 있다. 이러한 소재 취향과 창작 방법은 아직까지도 일부 평자들의 비판을 사고 있는 게 사실이다. 그 대상이 소재이든 시적 인식이든 또는 기법이든 간에 작고 하찮은 것에 대한 그의 남다른 집착과 만족은 간혹 자기 비하의 태도로 연결되기도 한다. 네번째 시집의 제목은 아예 『좀팽이처럼』으로 되어 있다. 그런데 자기 비하의 태도는 그것이 패배주의자에게서 보이는 것이 아닌 이상에는 또 초인적 존재에게서 나타난 것이 아닌 이상에는 기본적으로 비판 정신을 제 속에 감추어두고 있기 마련이다. 이렇게 되면 김광규가 자신을 향해 쏜 '좀팽이'라는 화살은 자기에게 그런 느낌을 안겨준 존재들이나 현상을 향해 방향을 다시 틀어잡게 될 것이다.

그의 첫 시집이 70년대의 우리의 일상적 현실을 착실하게 관찰하는 가운데 날카로운 비판적 인식에 나아가고자 했던 것처럼 제5시집 『아니리』는 바로 80년대의 한국 사회의 병리적 국면을 근심스러운 얼굴로 응시하는 데 역점을 둔 것이라고도 할 수 있다. 그는 80년대식 삶과 사회가 도처에서 상식을 파괴하고, 이성을 배반하고, 자연의 이법(理法)에 등을 돌리는 것에 크게 가슴 아파하고 있다. 그는 문화니 예술이니 하는 이름 아래 고상한 척, 진지한 척하면서 실상은 상식과 진실을 배반하고 있는 행태에 대해 염증을 내기도 한다. 시 「달력」이 이를 잘 보여주고 있다.

TV 드라마는 말할 나위도 없고

꾸며낸 이야기가 모두 싫어졌다
억지로 만든 유행가처럼 뻔한
거짓말을 늘어놓는 글도 넌더리가 난다
차라리 골목길을 가득 채운
꼬마들의 시끄러운 다툼질과
참새들의 지저귐 또는
한밤중 개짖는 소리가 마음에 든다
가장 정직한 것은 벽에 걸린 달력이고

—「달력」 전문

시 「달력」에서 '정직한 것'이 요체가 되는 것임은 두말할 나위없다. 정직이란 말은 상식이나 진실 또는 이성을 바꾸어 표현한 것에 지나지 않는다. 이 시는 "한밤중 개짖는 소리~"를 끼워놓음으로써 평범하고 싱겁기 짝이 없는 표현이라는 전체적 인상을 일거에 깨뜨리게 된다. "한밤중 개 짖는 소리"는 "꼬마들의 시끄러운 다툼질" "참새들의 지저귐"과 하나로 어우러지면서 감동은 오히려 천진한 것, 작은 것, 소박한 것에서 받을 수 있는 것임을 깨우쳐주게 된다.

상식이나 이치는 우리의 삶 구석구석에 있되 각별한 노력을 기울여야만 파헤칠 수 있게끔 그리 깊게 묻혀 있는 것은 아니다.

뒷산에서 소쩍새 우는
옛날 집 팔아버리고
마침내 아파트로 이사하여
난방비가 인상될 때쯤
허리병 때문에 드러눕겠지
잠마저 잃고
꿈마저 빼앗기고
환한 웃음마저 눈물로 되갚으며
혼자 앓는 데 곧 익숙해지겠지
그리고 아무도 익숙해질 수 없는
앞날을 기다리겠지
그 긴 순간을 기다리겠지

—「초겨울」 부분

비록 몸은 못생겼어도
마음 바르고
똑똑한 정신 지녔던 사람
이제는 늙어 쪼그라졌어도
높고 빼어난 인품
누구나 아름답다
부러워하느니

—「노틀」 부분

아버지의 헌옷 줄여서 입고
배추꼬랑이 깍아 먹으며 겨울밤 지샐 때도
까까머리 동생들은 잘 자랐고
누이들은 사직공원에서 데이트를 즐겼다
창피할 것 없었다
가난은 곧 양심이었고
우리 모두의 재산이었다
[……]
되찾아야 할 것은
며느리와 사위들아
부모가 남긴 재산이 아니라
잊어버린 가난이다

—「아니리 8」 부분

여럿이 벌어들인 몫을 골고루 나누지 않고
혼자서 몽땅 먹으려는 동포들이여
누구나 일하고
일한 만큼 벌어서
번 만큼 살아야 한다
혼자서 일하는 것처럼 빼기며
여럿이 한꺼번에 일손을 놓고
떼지어 덤벼드는 동포들이여
일도 많았던 1980년대 어느새 저물고

다음 세기가 다가와도 우리는
일하고
나누며
함께 살아갈 것이다
여럿이 모여서 다투며 살고
저마다 혼자서 외롭게 죽을 것이다

—「세상살이」 부분

「초겨울」은 인간은 누구나 늙으면 외로워지기 쉽고 또 소외되기 쉬운 것임을, 「노틀」은 한 인간은 결국 정신과 인품으로 평가되는 것임을, 「아니리 8」은 가난 중에서도 정신적 가난이 훨씬 더 비극적인 것임을, 「세상살이」는 사람은 '함께' 살아야 하는 것임을 잘 일깨워주고 있다. 이상에 인용된 시들을 보면 잘 알 수 있는 것처럼 김광규는 '비범한 진리의 발견'보다는 '평범한 이치의 확인'에 주로 의거하고 있다. 위의 시들이 일깨워주고 있는 내용들은 갑남을녀가 다 보통 때 느낄 수 있고 언표할 수 있는 것들이다. 이러한 김광규의 시를 두고 혹자는 시적 상상력의 지나친 범속화 또는 안가한 시작 태도라는 말로 꼬집을지 모른다. 그러나 그의 시에 합당한 의미 매김을 하기 위해서는 이렇듯 평범하고 소박한 이치가 너무나 쉽게 몰각되고 짓밟히는 현실이 김광규의 창작 충동을 불러일으켰다는 점에 우선적으로 주목할 필요가 있다. 말하자면 무엇을 어떻게 썼는가보다는 왜 썼는가하는 질문을 먼저 던져야 하고, 또 그 질문에다 훨씬 더 큰 무게를 두어야 한다는 것이다. 기본적으로 김광규의 시는 세부 현실을 끊임없이 따라가보고 동시대인들의 삶의 모습을 찬찬하게 살펴본 데서 거두어진 것인 만큼, 형식주의자들을 무색하게 만들거나 실망시킬 가능성이 높다.

또한 김광규의 시는 꼼꼼히 읽기의 절차를 거치다보면 평범한 표현이나 생각에 맥없이 주저앉은 것으로 보기가 어렵게 된다. 예컨대 「초겨울」에서 죽음을 "아무도 익숙해질 수 없는/앞날"로 풀어 쓴 것이나 「아니리 8」에서 우리 국민 대다수가 못살긴 했지만 타락하지는 않았던 5, 60년대를 "가난은 [……] 우리 모두의 재산이었다"로 뭉뚱그린 것이나, 「세상살이」에서 "저마다 혼자서 외롭게 죽을 것이다"라는 구절로 끝맺음을 함으로써 탐욕과 광기의 분위기에다 돌연 찬물을 끼얹은 것 등은 비범한 인식과 솜씨의 결과라고 아니할 수 없다. 때때로 이런 구절들은 한 공간 안에 더불어 있는 범상한 생각들이나 표현들을 느닷없이 일시에 뒤흔들어버리거나 아니면 그것들을 위로 끌어올리는 효과를 발휘하기도 한다. 김광규 시를 읽는 재미와 보람은 바로 이런 단어나 구절을 찾아내는 맛에도 있지 않을까 한다.

앞뒤에 배치되어 있는 평범한 생각들과 표현들에게 일시에 환한 빛을 던져주는 결과를 빚고 있는 이런 구절들은 결코 강렬하지는 않지만 끊임없이 내연(內燃)하고 있는 시비지심(是非之心) 더 나아가서는 비판 정신의 산물이라 할 수 있다. 김광규의 시인 의식이나 시적 상상력에 있어 비판 정신은 가장 근원적인 힘이 되고 있다.

세상 돌아가는 꼴
입맛 써서 못 보겠네
쓸 만한 인물들 모두 죽었고
똑똑한 사람들 눈치만 밝아지고
못된 놈들 내로라하고 설쳐대니
어디 마음 나눌 친구 한 명 있나
세상이 바뀌든가 아니면
보기 싫은 것들 몽땅 사라지든가
하기를 오랫동안 바라왔지
그러나 달라진 것 하나도 없고
이제는 온 세상 모든 사람이 오히려 나를
못마땅히 여겨 손가락질한다니
바뀌든가 아니면
사라지든가
해야 할 사람이 바로 나란 말인가

—「아니리 4」 전문

이 시에서 '나'는 시인 자신일 수도 있고 건강한 비판

의식의 소유자에 대한 범칭일 수도 있다. 문제는 건전한 비판이 도무지 먹혀들지 않는 세상과 현실에 있다. 이 시는 비판되어야 할 존재들과 현상들이 따로 정해져 있는 것으로 보지도 않았고, 시비 가리는 것을 싫어하거나 비판받는 것을 거부하는 태도가 일종의 사회 풍조로 번져가고 있다고 암시하였다. 그만큼 오늘날 우리 사회는 중병에 걸려 있다고 김광규는 진단하고 있는 것이다. 짐작건대 그는 비판 정신을 한 사회의 혈관으로 내다보고 있는 것이다. 한 사회 속의 개개인들 사이에서 또 집단들이나 계층들 사이에서 비판이 수용되지 않는 풍조가 만연하고 있다는 것은 곧 개인으로 말하면 동맥경화증을 보인다는 것과 같다. 시 「아니리 4」는 김광규가 시인의 입장에서 또 지식인의 위치에서 비판 정신을 얼마나 중시하고 있는가를 단적으로 일러준 적례(適例)가 된다.

실제로 그의 시에서는 특정 존재나 삶의 자세에 대한 칭송의 형식을 취한 것보다는 야유·풍자·비판 등의 부정적 인식에 서 있는 것들이 훨씬 더 많다. 가령, 「한 사람 또는 몇 사람이」에서는 묵묵히 맡은 일을 해내고 있는 늙은 농부, 고속도로 청소원, 대학의 잡역부들, 나이 어린 공원들을 그려내며 "누군가 한 사람 또는 몇 사람이/흔들리는 기둥을 붙들고 있어 그래도/이 세상이 무너지지 않는다"는 긍정적 해석에 도달하고 있다. 또 「두부 아저씨」에서는 새벽 배달을 하느라 골목길을 내닫는 두부 장수를 묘사한 끝에 "그를 중심으로 하나의 세상이 돌아가고"와 같은 서민 예찬에 젖어들고 있다. 그러나 김광규의 시집 『아니리』는 힘없고 초라하지만 정직하고 건강한 인물들에 대한 찬가를 몇 편 밖에 보여주지 않고 있다. 대신, 부정적 인물이나 행태를 부각시켜 보이는 데다 역점을 두었다. 어수룩한 척하면서 속으로는 집장사하고 돈놀이해서 알부자가 된 어느 자칭 동네 유지를 비꼬고 있는 「최씨의 근황 1」「최씨의 근황 2」, 황금욕이나 권력욕에 눈먼 사람들을 비웃고 있는 「아니리 9」「유대류(有袋類)」「짬뽕이나 짜장면」「아니리 10」 등에서 어조는 낮지만 뜻은 단호한 그의 비판 정신을 잘 확인할 수 있다. 현실 비판 또는 세태 비판을 기본 모티프로 삼고 있는 그의 시편들은 금권만능주의자(金權萬能主義者)를 제일차적인 대상으로 꼽고 있다. 그러나 앞서 지적한 것처럼 김광규는 특정 존재나 행태만을 비꼬거나 공격한 것은 아니다. 예컨대 시 「그들의 승리」는 김광규의 비판적 인식의 폭이 결코 좁지도 않으며 동시에 과감성까지 수반하고 있음을 잘 입증해주고 있다. 「그들의 승리」에서 그들이 구체적으로 어떤 존재를 가리키든지 간에 시에서 실감나게 표현된 바와 같은 행동 방식을 보여주는 사람들은 오늘 우리 사회에 엄연히 존재하고 있다.

김광규는 오늘의 우리 사회나 세태에 대한 비판적 인식을 적극적으로 표출해온 편이며 또 앞으로도 계속 그

기조를 유지할 것으로 보이긴 하지만, 그렇다고 미래가 좋은 방향으로 바뀔 것이라는 확신을 그가 품었다고 단정하기는 어려울 것이다. "다만 계절밖에 믿을 것 없는/ 우리의 기다림이 처량할 뿐"과 같은 인상 깊은 결구를 남긴 시 「아니리 10」이나 인생의 허무를 새삼 깨닫게 하는 「어둘 녘」 「저녁 신문」 「오솔길」 등은 오히려 김광규를 비관론자나 운명론자로 바라보게끔 하는 근거가 되기도 한다.

세상에 대한 치밀한 관찰에 따른 비판 의지가 김광규 시의 으뜸가는 요결(要訣)이라면, 자연 관조와 자연을 교사로 삼고자 하는 발상은 그 다음가는 요결이라 할 수 있다. 자연시를 집중적으로 쓰는 시인들 못지않게 김광규도 자연으로부터 많은 교훈을 끌어내고 있다.

> 겨울 추위 겁내지 않고
> 여름을 틈타 덤벼들지도 않고
> 철따라 제 모습으로 언제나 제자리에 서 있는
> 나무들
>
> —「아니리 2」 부분

그 행위 예술가는 일찍이 한강대교를 몽땅 비닐로 싸매려고 시도해서 세상을 놀라게 한 바 있었다.

[………]

하지만 아직도 그가 살아 있다면,

놀랄 것이다. 아무 말 없이 그 커다란 바위가 자디잔 이끼와 담쟁이덩굴로 연록색 여름옷을 해 입은 것을 보고.

—「돌옷」 부분

북두칠성을 뒤돌아보면서
굶주린 발길을 해남(海南)으로 재촉하던 때
어둠 속에서 우리를 이끌어준 것은
강철 같은 이념이 아니라 희미한 달빛이었지

—「오우가(五友歌)」 부분

요새는 종합병원의 대형 냉방기 속이나 섭씨 1800도의 용광로 내부 및 핵폐기물을 밀봉한 특수 드럼통 안에서도 이끼가 자란다고 하며, 점보 제트기의 날개 속이나 지구로 귀환한 인공위성의 부품 속에서도 신종 이끼가 발견된다고 한다.

—「이끼」 부분

그는 「나무」로부터는 의연함과 꾸준함을, 「돌옷」으로부터는 큰 힘일수록 소리없는 가운데서 이루어지는 것임을 터득하고 있다. 그런가 하면 「달빛」으로부터는 부드러움과 따뜻함에 내재된 엄청난 힘을, 「이끼」로부터는 그야말로 끈질긴 생명력을 읽어내고 있다.

바로 그의 시는 꾸밈이 없고, 조용하고, 부드러운 점에서 '자연'에 가깝다. 그가 자연을 관조하는 가운데서 안심입명(安心立命)에 접어들고 진리를 감득해내는 것처럼 독자들도 그의 시를 읽고 위안도 받으면서 교훈도 얻어내게 될 것이다. 자연과 같은 시, 김광규는 이곳에 도달하게 될 것이다.